Poesie in Koordinaten

Alina Hill

BoD

www.alinahill.com

Poesie in Koordinaten

Alina Hill

Lyrik

Bibliografische Information der deutschen Nationalbibliothek. Die deutsche Nationalbibliothek verzeichnet diese Publikation in der deutschen Nationalbibliografie; detaillierte bibliografische Daten sind im Internet über dnb.dnb.de abrufbar

(c) 2021 Alina Hill
Umschlaggestaltung: Alina Hill

Herstellung und Verlag:
BoD - Books on Demand, Norderstedt

ISBN 9783754330111

BoD

$\mathcal{W}$e are dreamers

we love to live in movies

or in a French novel from 1861

We are part of a story

We can fall in love with angels

And turn ourselves into a fairy

We are irrational romantics

We know that we can fly

when we close our eyes

There are no walls in our lives

just songs that tell about it

We jump head over heals into uncharted waters

just because its sparkling in the sun is so beautiful

To all dreamers: Keep on dreaming

$\mathcal{D}$as Leben schickt uns auf Reisen, durch unseren eigenen Geist und durch die Räume in denen es uns bestimmte Erfahrungen machen lassen möchte.

Es schickt uns Begegnungen mit Menschen die uns einführen, in neue Welten. Die Reise dieses Buches beginnt mit einer Trennung. Der Riss zwischen zwei Menschen, die sich entschieden hatten ihr Leben zusammen zu leben, aber schließlich feststellen mussten, dass das Leben selbst unterschiedliche Wege für beide bestimmt hat. - Dann die Entscheidung Beider, dem zu folgen.

Ich war 23 Jahre alt, steckte mitten in meinem Schauspiel-studium und wollte mehr als alles andere, Künstlerin sein. Aber etwas hielt mich davon ab endgültig in dieses weite Universum der Unergründlichkeit und der fremden Welten der Fiktion abzutauchen. Dieses Etwas war er. Und es kostete viel, dies einzusehen.

Ich stürzte in einen freien Fall und verlor mich auf einer Reise, die der Anfang zu meinem Wachstum als Künstlerin bedeuten würde. Aber das wusste ich nicht, als ich anfing an diesem Band zu schreiben. Ich möchte mit diesen Worten inspirieren und etwas von dem Erfahrungsschatz wieder geben, den ich an den Orten und vor allem in den Begegnungen, aus denen die Texte und Gedichte stammen die hier veröffentlicht sind, ansammeln konnte. Themen wie Verzeihen, Zeit, Loslassen und Freiheit, begegneten mir immer wieder. Dies ist geschrieben für alle Diejenigen, die trainieren in Demut auf die Poesie in allem Schönen zu blicken und die Schönheit in allem Schrecklichen zu entdecken. Die Lieben und Träumen folgen wollen.

Wir machen Kunst, wo wir beginnen sie zu sehen.

Hamburg
53° 33' 3.906"N   9° 59' 37.255"E

Ein Gedicht von letzter Nacht

Deine Finger auf meiner Haut
Die wie die letzten Schneeflocken des Winters
Dem Sommer weichen
Wie das Blatt am Baum
Das noch einmal vom Regen geküsst wird
Bevor es für immer fällt
Ist wie deine Lippen auf meinem Bauch
Vergänglich
Sterblich
In jedem Moment
Das Blut rauscht durch unsere Venen
Aber wie lange weiß keiner
Etwas geht zu Ende
Etwas beginnt
Ich entferne mich von Dir und bin
So nah wie nie zuvor
Die Schönheit eines Regentropfens
Der von einer Rose perlt
In der weite des Meers beheimatet
Sucht er den Weg zurück zu seinen Schwestern
Ihnen von seiner Reise zu erzählen
Wind - treib mich hinfort
Doch lass´ mich noch eine Nacht verweilen
Im Traum eines pochenden Herzens
Das von Liebe genährt
Den Moment bis zu seinem Tod

Mit Küssen begleitet
Und in die Ewigkeit
Entbehrt.

*I*ch hülle mich in die Atmosphäre
der sternklaren Nacht.
Und plötzlich
ist alles Gut.
Das Licht der Kerzen
erhellt meine kleine gemütliche Kuschelecke mitten im
Universum

*R*eflexion von letzter Nacht. - Gedanken am Morgen.

Der Morgen ist Grau.
Ich sitze vor meiner dampfenden Tasse Kaffee.
Noch nicht gewillt den Duft der vergangenen Nacht von
mir zu waschen.
Ich rieche dein unwiderstehliches Lächeln,
Das mich den ganzen Abend begleitet hat.
Fast vorsichtig.
Es ist nicht mal verschwunden als du mich schon hattest.
Ich möchte die Berührung noch eine Zeit lang auf der
Haut behalten.
So zart wie ein Gedicht über Schokolade
Habe ich sie in meine Zellen gespeichert.
Wie doch ein Lächeln in der Erinnerung
Ein vergangener Tanz der Liebe
Einen ganzen Tag mit Bildern füllen kann.

Ihre Schwester ist die Liebe

Sie ist eine scheue Schönheit
Sie kommt zu dir wenn du sie lässt
Sie ist zart und manchmal lässt
Sie auf sich warten
      Du kannst mit ihr gehen
Sie ist eine Schutzpatronin
Sie ist unausweichlich
Sie schmerzt
Sie reinigt und sie heilt
Sie ist immer da
Sie ist subtil
Sie ist ungewiss und
Sie ist ganz klar
Sie zeigt dir Wege, die du nicht kanntest
Sie lässt dich in der größten Blindheit sehen
Sie kann Menschen dazu bringen sich in dich
zu verlieben
Sie kann sie dazu bringen dich zu hassen
Sie ist die reinste, herrlichste und wunderbarste
Sie ist die stärkste Macht im Universum
      Ihre Schwester ist die Liebe
Sie ist die Wahrheit

Magie ist an Orte zu kommen, an denen wir etwas bestimmtes erlebt haben und feststellen, dass es sich in unserer Abwesenheit verdoppelt hat.

Eine Dachterrasse

Die Nacht bricht herein
Erfüllt von Sternenschein
Hoch über den Dächern der Stadt
Werden wir satt
Von Küssen und Blicken
Götter schicken
Uns Abenteuer, die zu ergreifen
Unser Schicksal formen und reifen
Lassen, wenn wir und in Hingabe
Zum Leben baden
Ein flüchtiger Moment so voll,
Ich will ihn halten, doch soll
Er frei sein und nie wieder kommen
In der Sterblichkeit zerronnen
Haben wir viel mehr als das gewonnen.

Zu lassen was es ist

Gelebte Erinnerung an einen Orkan der Sinne
Und ich glaube ich spinne,
Wenn du sagst, du vergisst
Was wahre Erfüllung ist
Drum lassen wir den Moment doch noch so steh´n
In dem wie er war
Ganz einfach, voll und klar
Bevor wir beide in zwei Richtungen weiter geh´n
Das Leben schickt dir dann und wann so
      was du gerade brauchst
Manchmal eben mit dem Link
Guck doch mal genauer hin
Und kann eben nichts dafür, wenn du's dir
      dann selbst versaust
Dann kannst du nur noch Danke sagen
Für den Trostpreis der Erfahrung
Denn eben genau darum
Kannst du später für dein Unglück nur noch
      dich allein verklagen

*M*elancholie der Sehnsucht.

Schwitzend und schreiend sind die Wände
Und volle, ewig weite Hände
Formen mein Sein, wie Butter, zerlassen
Unmöglich es nicht anzufassen
Es verbrennt die Hand im Feuer
Und man bezahlt zuweilen teuer
Dafür sich einfach zu verlier'n
Denn manchmal kann auch Glut gefrier'n
Es ist geschriebenes Leben auf Tagebuchseiten
Leidenschaft schmerzt und kann süßeste
Sehnsucht verbreiten
Eine Hand auf meinem Bauch
Warnt mich, denn fast schon wie ein Brauch
Werde ich süchtig nach diesen Küssen
Und weis doch längst
Ich werde dich vergessen müssen.

Haut

Übersät von
      Hunderttausend Küssen
Wellen der Lust
      Die wie Strombahnen
Durch jede einzelne Zelle schießen
Ein einziger Blick genügt
      Um es feucht und heiß
Werden zu lassen
Ein Lächeln für den Höhepunkt

Neue Welt

Irgendwie kreativ verliebt
Umgibt
Mich einen neue Welt
Bin wie zerschellt
Eine Welle, die dem Felsen sich ergibt
Verliebt
Der Wind erzählt von dir
Während wir
Die Sonne betasten
Lass mich rasten
In deiner Ruhe, deinem Lachen
Gänzlich hingegeben
Schweben
Du bist kein Mann, du bist ein Land
Markant
Sind deine Züge, deine Geschichte
Und ich richte
Mich ganz neu aus darin
Konkret wie ein Planet
Gedanken werden weit
Und die Zeit
Bleibt ganz plötzlich steh'n
Und ich kann dich seh'n
Es ist nichts logisch zu versteh'n
Wenn eine neue Welt
Dir vor die Füße fällt

Stadt I

Getrieben hetze ich durch die Lichter der Stadt
Und tanze durch die Nacht
Doch ich werde nicht satt
Bin süchtig und geb´ mir den Schuss
Wissend, dass am Schluss
Der Tod kommen muss
Rastlos suche ich die Zeit nach dir ab
Wie ein hungriger Wolf und knapp
Vorbei am Himmel stürze ich in eine Hölle hinab
In der ich tanze wie ein schwarzer Engel
Bewegt
Unentwegt
Von deiner Hand, die mich schiebt und dreht
Ein grausames Spiel um Liebe und Macht
Das zwischen Liebe und Macht
Leidenschaft schürt und entfacht
So bleibt mir nichts als zu tanzen
Und tausend Augen schießen nach mir
Ich suche den Weg zu dir
Doch ich kann mich nicht bewegen
Kann nur ewig tanzen
In dieser Hölle der vergeudeten Chancen

Halb erwacht

Formen lösen sich auf
schieben sich rechts und links von mir
Durch die Zeit und ich reise
Wie ein blinder Passagier
An meinen Träumen vorbei
Es drückt und zieht an mir
Wie aufgehängt an Marionettenfäden
Verliere ich den Boden
Und schwebe durch den Nebel einer parallelen Welt
Kann gehen auf Spinnenfäden
Und baden in Tautropfen an einem trüben Morgen
Ich kann die Farben hören
Jeden Grauton schmecken
Während die Musik auf den Windböen tanzt
Ich falle durchs Wasser auf den Himmel zu
Verliere mich im Nichts
Wo Ewigkeit und Zeit miteinander verschmelzen
Und Nacht und Morgen Abschied nehmen
Um ihre Wege zu gehen
Dann nimmt mich etwas bei der Hand
Wohlvertraut legt es mich in seinen Arm
Nimmt mich mit und legt mich ins Gras
Die Sonne geht auf
Das Leben setzt mich ab
Im neuen Tag

Im Raum

Verwirrt, von Zeit und Raum und dem was dazwischen
existiert.
Ein Tag, an dem alles anders ist als gestern.
Erschlagen bin ich von der Größe der Welt,
die uns wie Punkte platziert,
zwischen denen wir fiktive Verbindungen schaffen,
die unsere Seelen verwandeln
und unsere Herzen ins Unermessliche wachsen lassen.
Distanz überwindend,
überall sein, zieht es an meinem Geist.
Kopfschmerzen hab ich, denn er will wohl weg,
weit werden und mich verteilen.
Von Angst zerfressen lassen wir uns von unseren Herzen
nach vorne jagen.
Es eilt so schnell und kann sich doch nicht vom trägen
Körper trennen,
der sitzt und sich von Angst zernagen lässt
wie ein längst Toter von den Ratten.
Was bist du Zeit?
Wie schnell muss ich denn sein, um dich einzuholen?
Du stellst uns an Orte mit unüberwindbarer Entfernung.
Nur in der Fiktion existierende Existenzen,
gezogen und bewegt von Vergangenheit und Zukunft,
mit neu gestellten Parametern verbrennen wir zwischen
Himmel und Hölle.
Ich verliere meine Gehirnzellen, ich kann's merken.
Lösen sich auf und verteilen sich im Raum.

Kein Fakt zu greifen und alle Koordinaten verändern ihre Physik.

Größer Größer!!

Elemente, löst mein Bewusstsein von meiner klein gelenkten Wahrnehmung ins nächste Level. Universum, nimm mich auf und lass´ mich hinter die Zeit in deine anderen Gesichter sehen,

mich selbst wieder erkennend, als meine Seele in anderen Leben lernte. - Auf einer endlosen Odyssee von werden und vergehen,

werden und vergehen,

verloren gehen

und wieder finden suche ich dich,

um uns zu erinnern in dem Leben, als wir beide Kinder waren.

Wo bist du?

Zeit!

Eitel bestimmst du unser Schicksal

und gibst uns nicht die Chance zurück zu gehen.

Wo bist du?

*I*ch will dich treffen

In einer Zeit
Bevor wir wussten wer wir sind
Möchte den Moment noch einmal schmecken
In dem mein Herz den Tango beginnt
Als unsere Geschichte noch vor uns lag
Wie ein großes Abenteuer
Doch lässt die Zeit nicht mit sich reden
Liegt schweigend da
In der Geschichte Burggemäuer

Herbstregen

Ich küsse den Regen
Er schmeckt nach dir
Perlt an meiner Lippe ab
Wie dein Kuss in dieser Nacht

Der Herbst ist gekommen
Und hüllt mich in sein
Wunderschönes Farbenkleid
Bin geborgen, beschützt, frei und weit

Eine Kerze erinnert mich an dich
Sie flackert von links nach rechts
Und tobt sich aus
In ihrem Haus - aus Glas

Musik ist wie dein Lächeln
Wenn es sich wie in einer
Komposition an deinen Wangen
Endlang nach oben zieht

Und ich küsse den Regen
Er schmeckt nach dir
Perlt an meiner Lippe ab
Erinnerung an deinen Kuss in dieser Nacht

Der Tunnel

Der Tunnel wird enger
Ich blende die Welt aus
Und sie mich
Schatten werden länger
Sie singen von dir
Zeichnen dein Lächeln und ich
Hab den Rückweg vergessen
Verlaufe mich zwischen
Realität und Traum
Werde von Engeln gefressen
Und falle durch Zeit und Raum
Wie ein erloschener Stern
Löse ich mich auf
Und du leuchtest noch immer von fern
Ich bilde mich neu und lauf
Dir entgegen
An den Schatten vorbei
Und sie singen dein Lied
So sei's wie es sei
Hab´ verpasst, was mir mein Schicksal riet
So lauf ich dir entgegen
Und komme nicht vom Fleck
Durchströmt vom Regen
Dreh ich mich im Kreis
Und will auch nicht weg
Ich schrumpfe und wachse fast stündlich

Distanz wird taktil

Der Tunnel biegt und krümmt sich

Von hier bis ins nirgendwo

Ganz ohne Ziel

Und ich sehe meine Füße gehen

Schritt um Schritt

Doch sie lassen mich zurück

Ich bleibe hier steh´n

Komm bitte komm, nimm mich mit

Illusion wird real

Ein Schatten wird plastisch

Ich erkenn´ mich im Spiegel

Fiebrig bitzelnd, leicht fantastisch

Die Zeit und die Katzen sind nicht penibel

Wenn ein Rausch im Sinn

Dich an einen Wunsch bindet

Ist das der Beginn

Dass deine Bestimmung dich findet

Zwischen Wahnsinn und Poesie

Schreiben sich Zeilen auf die Wände

Und der Teufel führt Regie

Mit Bravour bis am Ende

Jeder eine Rolle hat

Im Stück vom schwarzen Tunnel der Gedanken

Das Bühnenbild ist voll und satt

Verzweifelt, genial

Verworren in Gedankenranken

So spielen wir das Spiel

Seit hundert und hunderten Jahren

Und wir laufen und drehen und fallen ohne Ziel
Und werden vielleicht niemals erfahren
Wieso wir immer und immer wieder von vorn
Hier landen, suchen und uns verlier'n
Stufen beschreiten von Liebe bis Zorn
Und uns zum Schlussapplaus wieder neu zentrier'n
Bedürftig danach unser Leben selbst zu steuern
Landen wir doch wieder hier
Von Engeln getrieben beteuern
Wir dem Teufel uns zu binden auf ewig, denn wir
Sind süchtig nach der Bühne der Schatten
Dem Genie Mensch sei's zu verdanken
Dass wir uns selbst gestatten
Zu verweilen für immer
In diesem schwarzen Tunnel der Gedanken

Grau in Grau

Gleis 8 in der Nacht
Allein in einer fremden Stadt
Die Lichter strahl'n mich müde an
Bin erschöpft so dann und wann
Vom Grau in Grau
Und werde nicht schlau
Aus deinen Sätzen, deinen Taten
Ich kann halt nur versagen
Wenn du mich hier steh'n lässt
An was halt ich mich so krampfhaft fest
Grau in Grau, mein Schuh auf dem Asphalt
In dem du verschwimmst wie eine Traumgestallt
Die Nacht hält sich im Schweigen
Verweigert mir zu zeigen
Wer du wirklich bist
Verschleiert sich in dem was ist
So verlierst du langsam deine Farben
Grau in Grau wirkt eben auch erhaben
Und hat so wie Gleis 8
Eine einsame Herrschaft über diese Nacht

Die Nacht frisst mich auf

Und wie im Traum bin ich drauf

Und dran mich zu verlier'n

Doch Ich halte mich noch fest

Am Faden der mich bleiben lässt

Bevor ich bereit bin und vergesse

Erst wird es hell, dann schwarz, dann rot

Fremde Hände, nackte Haut und kein Verbot

Ich strecke und biege mich, bis ich schließlich
                    breche

Die Wände drehen sich auf und ab im Kreis

Senkrecht zu waagerecht, kalt zu heiß

Kein Platz mehr für Gedanken

Wenn das Feuer regiert

Und der Verstand daran krepiert

Geht es nur noch um Lippen und Haut

Wenn sich Haut den Lippen anvertraut

Und sich der Atem verdoppelt

Aus zwei Körpern wir ein Universum

Schneller und Schneller und ganz plötzlich

Stumm

*V*on der Nacht getragen
flieg ich durch die Straßen
und der Wind stellt leise Fragen
Melancholie gestreut in Maßen

und gelbes Neonlicht
Streichelt schüchtern meine Haut
wischt eine kleine Träne vom Gesicht
die sich so früh schon raus getraut

Du Jungfräulicher Morgen
noch wagt die Sonne keinen Strahl zu schicken
wohlgehütet ohne Sorgen
lässt der Mond die Schwester noch ein wenig nicken

und ich geh so zwischen Traum und Wach
beschützt vom großen Mantel der Nacht
kurz hinterm Bewusstsein biege ich ab
und sehe die Sonne, sie blinzelt ganz sacht

Vorbei schleicht sich noch schnell ein Traum
grinst und spricht von dir
schwebend, noch in Zeit und Raum
merk ich wie ich mich wieder verlier

und der Tag bricht an
mit seiner Frau der Sonne im Geleit
und ich denk wieder daran
wie du und ich begann

wahrscheinlich noch bis in alle Ewigkeit

$\mathcal{Y}$ou left me with one broken wing

But time will heal and I will sing

$\mathcal{B}$en Nevis, Schottland
56° 47' 48.685"N 5° 0' 12.78"W

Schottland

Eine Welt verborgen hinter einem Lächeln
Steht er da, verzieht die Miene im Takt der Stadt
Die er hinter sich hat.
Ein Land umringt vom Meer, gespickt von Felsen
Die Brandung stemmend hält er fest daran
Was er im Leben noch erreichen kann
Das Land im Rücken, als Vater hält es seine Hand
Über einen scharfsinnig quälenden Verstand
Doch die Burgen, die einst Märchen schrieben
Werfen Schatten, mächtig wie Drachen
Auf das verborgene Hinter dem Lachen.
Und ich seh´ ein Winkel im Gesicht
Der Bände über Leben spricht
Er trägt nah bei sich was ihn prägte
Und versteckt er gut was er noch alles ist
Wenn man sich mit seinem Schicksal misst
Gibt es keine Chance zu seh´n
Oder gar noch zu versteh´n
Dass die Geschichte, die du nicht erzählst
Das Leben ist, was du selbst wählst.

Ben Nevis Gipfel

Es gibt keine Worte

Nichts ist zu vergessen

Der Berg atmet

Er atmet mich

Zeiten werden sichtbar

In den Jahrtausenden über andauernden

Felsbrocken

Ich vergesse, was es zu vergessen gab

Schritt um Schritt

Ich bin zu Hause

Tod und Leben sind gleichzeitig anwesend

Zentriert genau in der Mitte

Kann ich existieren

Sein

So liegen Ben Nevis

Und seine zahllosen Schwestern und Brüder

Hier wie schlafende Titanen

Und lassen mich balancieren

Zwischen Himmel und Erde

*A*nother Loveletter

Beloved Scotland
Guardian of all fairytales
Protector of forgotten times
With all your beauty and your calm dignity
You freed me from my past
And make your past become my future
You let me walk
Along your endless highlands
Exploring all your stories
Whispered by bens
Munros, lakes and glens
Overwhelmed by vastness
I faced my destiny
Beloved Scotland
Guardian of all fairytales
Protector of forgotten times
I leave you in a deep reflection
About your wonders in perfection
I'm more than grateful for all you've done for me
My heart's with you in all eternity

$\mathcal{B}$eyond Senses

You smell like lonely summer nights
In an undiscovered paradise
My eyes can not believe
This perfect smile, indescribable, unique
I hear your voice like thousand voices
Talking about luck, dreams and choices
I feel your stunning body allover my skin
Like a lake in the mountains, where I can dive in
And your taste is like a foreign melody
Grows up by time and rises to a whole symphony

And beyond my senses I can see
There is more than I perceive that you can be
I feel the land your heart is beating in
I see history, lives, and places I have never been
I hear your father dying
A boy became a man hiding from crying
Someone in this world alone
Keeping secrets yet unknown
And whatever you might be for me
For this world you might be a galaxy

Florenz

45° 27' 55.519" N   9° 11' 9.326" E

*E*in Fuß berührt die Erde schwebend

Der Andere streckt sich leicht verlegen, bebend
Geküsst von Erregung am Zeh nach oben
In den Himmel, wird vom Mond geschoben
Bis sich ein Fuß vom andern endgültig trennt
Und die Ewigkeit enthüllt für den Moment
Wenn Himmel und Erde zwischen beiden Zehen
Ihre unausgesprochene Bindung eingehen
Dann werden Grenzen Illusion
Und Atem wird zu einem Ton
Gespielt auf heißer feuchter Haut
Nackt, fremd und irgendwie vertraut
Verbunden im Wunder des Lebens
Bis die Nacht schließlich ergebens
Dem Bruder Tag zur Seite weicht
Und Zeh und Zeh, wie Federn leicht
Einander wieder finden

Autumn comes and makes us stop for a while

Gives us time to remember,
to recreate our memories
Like the haze of those last summer nights
One of a kind and forever kept in mind
Some among these change into stories
Some into legends
And some become ones destiny

Reflexion - Ein Kutschpferd in Florenz

Du stehst auf der Straße in deinem Geschirr
Um dich herum das quälende Menschengewirr
Schlägst den Kopf nicht hin und her
Du kennst das, wehrst dich seit Jahren nicht mehr
Zwei Klappen rechts und links lassen dich nicht seh'n
Was um dich passiert, wie die Zeiten vergeh'n
Du kennst die Stadt, hast Viele herumkutschiert
Hast Edelleute und Pöbel chauffiert
Dein weißes Fell nun alt und stumpf
Spuren der Arbeit von Kopf bis Rumpf
Ein Kind streichelt dir den Hals, als wär's Holz
Mutti macht ein Foto, du bist egal und sie ist stolz
So läufst du Tag für Tag hier deine Runde
Jahr für Jahr und bis zur letzten Stunde
Und wenn du einmal tot bist, hat man dich vergessen
Dein Körper wird kalt sein und von Maden zerfressen
Aber hier stehst du für immer auf Papier
In diesem Wort verewigt, dank ich dir

*E*ngland's Calling
And I'm gonna follow darling
Where my roots lie deep in past
And life is teaching me at last
Listening to a whispering voice
Brings up something new at choice
Like finding a new puzzle piece
To follow the hints just to complete
Whats obvious to see indeed
And sometimes an angel guides my way
Gives shelter for a while not meant so stay
And surrounded by water England appears
Touches me deeply into tears
Perceiving a hidden affinity
Gives me strength to set me free
Cause listening can bring us peace
And time to grow and to increase
If one's aware of wisdom voices
There is nothing to ask its all about choices

Letzte Sommernächte

Herbst - am Fenster sitzen und seinen Gedanken nach
gehen
In Italien war gerade noch Sommer
Er schien endlos als wir durch die Straßen zogen
Florenz bei Nacht
Eine schlafende Schönheit
Wie letzte Nächte in fremden Städten
Doch manchmal zu Legenden werden
Die man sich wieder und wieder erzählt
So war auch diese, jene letzte Nacht, dazu gedacht
Wenn das Schicksal es so will,
Dass sich fremde Menschen von verschieden
Kontinenten
In einem fremden Land, in einer Zeit begegnen
Werden sie geboren - die Legenden
So verliebt sich Romantik in die Renaissance
Und weiße Vorhänge wehen aus Hotelzimmerfenstern
In die abgekühlte Nacht hinaus
Gedämmtes Licht und terracottafarbene Wände
Hüten die Schatten, der ewig weiten Laken
Die sich zu stummer Musik um verborgene Körper
schlingen
Liebe Nacht, halte noch ein wenig an
Der Duft der letzten Sommernächte
Ist der schönste im ganzen Jahr
Und es wird kühler von Stunde zu Stunde

Bis die Sonne leise blinzelt
In Italien war gerade noch Sommer
Und ich sitze hier am Fenster
Erfüllt von süßester Melancholie
Sehe die Blätter fallen und schließe die Augen
Noch ein letztes Mal schnuppern nach dem Duft
Dieser letzten Sommernacht, die ewig schien
Und auf ewig zur Legende wart.

$\mathcal{T}$o the universe

You talk all lot to me
You are like my best friend
I'm not alone,
never
You are with me wherever I go
You are the creator of all strands
The master of relationships
And encounters all over the world
And you're a great buddy
With lots of humor, jokes
And impossible scopes for me
To riddle with

Hamburg

53° 33' 3.906" N   9° 59' 37.255" E

$\mathcal{H}$erbst,

Du wunderbarste aller Jahreszeiten
Galant trittst du herein
Und bittest ganz charmant
Den Sommer und sein Märchenbuch
Weiter nun zu zieh'n
Und wie ich ihm noch nach seh'
Von Sehnsucht süß erfüllt
Verführst du mich mit neuem Kleid
In das du bist gehüllt
Mein Sommer
Bleibe nicht zu lange fort
Sonst vergess' ich deine Lieder

iezgrau

Du bist grau am Tag, dein Anblick sticht
Deine Gäste schimmern und glitzern nicht
Dein Glamour, deine erhabene Macht, haben Nacht
In inniger Bindung mit dem Licht vollbracht
Wenn die Realität in deine Schatten fällt
Und nur noch Fiktion und Traum hier zählt
Zeitlos scheinst du wenn die Sünden regier'n
Sich Wildfremde zusammen in deinen Augen verlier'n
Blau wird zu Rot und Rot zu Blau
Deine Straßen werden zu einer Sinfonie von Grau in
        Grau
Sehnsucht und Leidenschaft paaren sich in der Luft
Werden zu Geschichten und Wünschen und verströmen
        ihren Duft
Und ein Blick verliert sich in der Menge
Trifft noch schüchtern in der Enge
Einen Ander'n, der bis grad noch ganz allein,
Jetzt zu zweit ist, insgeheim
So werden Geschichten in die Nacht geborn
Und nicht selten im Grau des Tag's wieder verlorn
Wenn die Illusionen nach und nach zerfallen
Und wie Geister durch die leeren Straßen hallen
Und du hart und streng dein Pflaster zeigst
Dich für den glamourösen Auftritt verneigst
Von dir geschrieben, vom Leben inspiriert
Von uns gespielt und im Moment kreiert

Weibliche Potenz

Es gribbelt
Es ist wie Macht
Nicht zu missbrauchen
Aber unbeherrschbar
Die Fähigkeit zu gebären
Eine Urkraft die Zerstört
Und erschafft

*I*n love with art, in relationship with the
universe and always wrapped in light and life.

*M*edea

Tropfen um Tropfen

Ein Körper schwindet dahin

Das Blut klebt an den Händen

Sich von Schuld zu lösen - ohne Sinn

Die Tat lässt das Schicksal

In den Abgrund stürzen

Abgründiger als von dem keiner Spricht

Durch die eigene Hand Lebenszeit zu kürzen

Der Wahnsinn im Wahnsinn lässt nur erahnen

Was unsere Ahnen seit hunderten Jahren

In ihren eigenen Taten den Zukünftigen mahnen

Doch Tropfen um Tropfen

Fällt in die Gräber hinab

Nicht überlebt - und das nun ganz knapp

$\mathcal{L}$iebe und Leben und so.

Du stehst da in goldenem Haar
Die Wimpern wie Phönixfedern
Nachtblaue Augen wissen nicht zu schauen
Was haben Leben und alles aus dir
Göttergeschlechter Mann gemacht
Nebel umzieht deine Kreativität
Die Poren deiner Haut lassen dich spüren
Schreien nach Liebe und Leben und so
Doch du lässt nichts rein, bleibst klein
Starrst in die leere Hülle aus verdichtetem Licht
Lässt dir das Handeln diktieren
Glitzernde Steine von rechts nach links,
schieben
Ein Funkeln, aus deinen Augen gesaugt
Und hinter Glas gefangen
Wie ein wildes Tier im Zoo
Das nur träumt von Liebe und Leben und so

Über Engel 1

Versuche einen Engel fest zu halten
So wird er zum Dämon
Er wird in deinem Leben bleiben
Wie ein Schatten
verknüpft heimlich Zukunft und Erinnerung
Du drehst dich durch dein Leben
Hängend an den Fäden des Vergangenen
Spinnst dich in einen Kokon
Und trinkst den Saft der vergessenen Wünsche
Ein bitter-süßes Gift, das in alle Zellen dringt
Und dich langsam zersetzt.

Der Tiger

Mit dem Tiger im Käfig
Er streift umher
Lautlos
In zeitloser Eleganz
Da
Plötzlich
Trifft dich sein Blick
Heiß und kalt
Und zu weißt
Er hat dich
Noch bevor er zum Sprung ansetzt
In 3 Sekunden
Vom Tiger zum Affe zum Mann
Distanz - Du Illusion der Physik
Schaffst uns Raum zum Denken
Aber wer kann denken
Mit einem Tiger im Raum
Er springt
Und bleibt doch stehen wo er ist
Er hat dich
Fest
Du kannst nicht entkommen
Der Affe tanzt
Der Tiger brüllt
Der Mann steht nur da
Und blickt dich an

Ich lief durch einen Kirschgarten im Sommer
Und schlief mit einem Mann der etwas zu alt für mich ist
Dann verliebte ich mich in dieses Mädchen
Mit den tellergroßen Rehaugen
- Ich liebe Bahnfahren

Zeitfenster

Ein kleiner Spalt in der Zeit
Gehörte dir und mir
Ein Tropfen Ewigkeit geteilt
Fast uns an im Hier
Zwei Planeten die sich treffen
Alle tausend Jahr
Drei Worte wechseln den Besitzer
Ja
Und nicht gesehen unerkannt
Ist das Glück vorbei gerannt
Ich bin ihm noch 'ne Weile nach
Bis es am kleinen Fenster Zeit
Zerbrach

$\mathcal{A}$m I this girl, with the glass of wine on her balcony, with big bright eyes watching the stars waiting for this someone never to come?

Wien

48° 12' 29.426"N 16° 22' 25.748"E

*I*m Rosengarten vor dem Burgtheater

Es duftet nach Grün
Die Rosen leuchten in Millionen Rotnuancen
Wie unser kleines Abenteuer im letzten Sommer
Der Winter hat den Schmerz gekühlt
Und auf verheilte Wunden regnet es nun Sonnenstaub
Wo auch immer du jetzt gerade bist
Ich hoff' es geht dir gut
Mit tausend Wünschen bedenk´ ich dich
Für das Märchen, dass du mir einst schriebst

Glücksaphrodisiakum

Oh Gott, ich bin verliebt
Ich weiß nicht mal in wen
Es kribbelt tanzend über mich
Und treibt mich an zum geh'n
Wenn ich dich einmal finde
Hoff' ich dich zu seh'n
Denn in der ganzen Euphorie
Bleibt sich's nicht leicht steh'n

$\mathcal{W}$ieso so sorgenvoll heute?

Fragt das Universum und präsentiert einen strahlend
blauen Himmel

Gedanken zu Egon Schiele

Modrig. Rote Lippen. Dürre Körper. Knochen. Zerfall.
Das Morbide in der Leidenschaft.
Tod und Auferstehen. Dreck. Splitter. Körper. Erschaffen.
Geprägt. Jung. Saftig. Unfertig. Zur Blüte. Zerfällt. Die
Welt hinter der Welt. Hinter den Körpern. Ohne Kontext.
Ein Knochen im Raum.

Ich bin dabei

Bin eingeschrieben

Hab ein Ticket

Bin ausgestattet

Mit Lungen

Kann atmen

Ein

Aus

Bin stolz

Auf diesen Körper

Dass er das kann

Habe Beine

Sie tragen mich

Absolut

Überall hin.

$\mathcal{V}$erschlafen

Die Wände schwimmen ineinander
Auf der Kuppel erhebt sich eine goldene Spitze
Wie eine geladene Spritze
Verabreicht sie dieser Stadt die Dosis.
Und sie schläft, schläft ein.
Und spricht dabei von längst vergangener Zeit
Als die Straßen fein flanierten
Und Genies im Café die Welt kreierten
Das Pflaster abgenutzt wie eine Hure
Die Kunst ist morbide wie Egon Schiele
Eine Stadt, in der in allen Ecken der Tod wohnt
Und er wird und ward zur Fantasie
Ein Meister des Schaffens
Sein Ruf, verrucht, er ist ein Genie
Sitzt im Café und flüstert den Geistern
Den Künstlern und Meistern
Geheimnisse ins Ohr
Und während die Stadt immer schläft
Und niemals wacht
Knüpft Luzifer ein Muster des Seins
Wer hätte das gedacht.

$\mathcal{C}$hanging someones life by just appearing in it is a burden.

Die Seele wandert

Sich in zwei Augen zu verlier'n
Damit eine völlig neue Welt kreier'n
Sich paaren in dreidimensionalen Panoramen
Vergrößert in unendlich weiten Armen
Schafft das unsichtbare Band
Gespannt zwischen hier und unbekanntem Land
Dem gefolgt, hin zu neuem Horizont
Ernährt den Geist, der nämlich sonst verkommt
Und sich ergießt in schmerzlichem Verlust
Denn das hat die Lust ganz sicher nicht gewusst.
Als sie sich hingab an die neue Welt
In der weite zweier Augen in den Raum gestellt.
Eben noch ergebend, jetzt wie neu geborn
Bebend im Erleben, neu und noch verlorn
Taumelnd im unbekannten Glück
Losgelassen kommt es schon zurück
Derweil braucht es keine Zeit
Der Geist kommt mit - umgeht das Leid
Liegend fliegend in ein neues Leben
Weiter wachsend, ja so ist das eben
So kommt stetig und Stück um Stück
Alte Erinnerung an die Zukunft zurück
Wenn sich Welten immer neu skizzieren
Sich frei von Wertung definieren
Und dann in zwei Augen neu verlieren
Irgendwann sich selbst erkennend in den Ihren.

$\mathcal{L}$ooking into another pair
of wide and endless eyes
is like being reborn
in another universe

$\mathcal{F}$inding ones soulmate in the world
ist getting hard these days
when everybody's eyes are busy
with faked photos on tinder

Verblassen

Und dann kommt er plötzlich, der Moment
Wenn einer den Anderen nicht mehr erkennt
Ich schließe meine Augen
     doch kann seine nicht mehr seh´n
Ein Raum der sich entfernt
     verblasst
       Erinnerung' die geh'n
Taktil bleibt seine Hand noch eine Zeit auf meiner Haut
Doch wird fremder was in dieser Nacht
     so sehr vertraut
Versucht die Wärme durch die Kälte noch zu spür'n
Verpackt in Worte, das Gefühl, die die Kraft haben
     zu berühr'n
Distanz wird spürbar, wenn der Raum darin versiegt
Und Poesie ist, wenn das Herz
     im Kampf darum erliegt

$\mathcal{D}$istance and time

Distance and time, creating each other
For human minds like sister and brother
The earth assists and gives live to reflect
If there is a difference between life and death
Time is infinite and just a short blink
And the horizon is closer and further than we think
If love is the constant between distance and time
Then distance becomes an illusion of mind
And time disappears in the space of aeon
In a universe where everything sometime becomes one
And in the end the only thing that stays
Is love in wide and endless space.

Israel

31° 46' 5.948"N 35° 12' 49.356"E

Welch ein Abenteuer an einen Ort zu reisen, der erst existiert wenn du angekommen bist.
Als ob sich eine fiktionale Landkarte durch tatsächliches Erleben erweitern ließe.

$\mathcal{F}$or Odeds and Morias Baby
(Tel Aviv May `18)

Little life, descending gently
Innocent, enlightened, friendly
Yet eyes closed
Sleeping in the bosom of mother earth
nothing to earn and nothing to deserve
Will soon begin to rise
And learn to fall
A human being after all
Will chase its dreams and start to fly
Will sometimes fail and ask you why
Will make a step and will look back
Will find a path and loose a track
Sometimes happy sometimes sad
But always loved by mum and dad

*P*alästina
31°42`16 N; 35°12´23 E

$\mathcal{F}$airytale and Nightmare: Two different layers on the same story

$\mathcal{B}$ethlehem

In the beginning there was just him and me and the
universe and Bethlehem - a magical little town
somewhere in the land of dust and narratives.
And there were his eyes.
Eyes like a prison.
The prison of a boy caged in his grown up body.
The prison of a soul surrounded by the wall of his own
mind.
And there was my heart, listening to the silent cry.

I'm lost in a world I don't remember
I'm roaming a life where everything has changed
I'm waiting for you in a cold December
Trying to warm myself with what we've exchanged
Feeling time, what used to be my friend
Now like a demon in this space of missing
A powerful master and no weapon to defend
Laying over me with distanced kissing
Foreign dreams filled with magical sounds
The sounds of the Masjid in a starry night
Phenomenal fiction beyond real bounds
In the end you and me are nothing more than light
And we're lost in a world we'll never know
Roaming together an always changing existence
Waiting for us, once to share a tomorrow
And listen to life without any resistance

$\mathcal{I}$ don't wanna know who you are.

I want to explore till the end of our lives.

$\mathcal{W}$hat does love look like?

What if we can never tell because it always appears in a different dress.

The sky is so close
As you lift my shirt a bit
to give me the touch of the stars
I'm drowning in the black
of a flawless universe
here, where passion is the secret
between two
Sheltered by curtains of silk
And wrapped in
yet unknown love

While your touch is on my skin
so vulnerable, so pure
my cells draw it onto my veins
an artwork never to forget,
a gallery of moments
that used to be so true
forever kept
for when I have to let you go

My dream of endless nights in the desert
Eternity of countless odors of a foreign land
Herbs, essence, colors all lightened in gold
And the taste of your salty skin like a precious spice
rarely to get
Arabian Nights under the Arabian sky
Make a princess of me and you be my prince
With these eyes thirsty for mine
On silk we would lay down
As the sky embraces our bodies
And your kisses are secret little sins
sweet and fleeting
Please don't wake me up
Let me stay just till the end of all dreams

Into the red-wine I pour your sweet words

The remnants of a fleeting time
when the sweetness of your words
flowed down my throat
Like the red-wine I drink on the plane
that is taking me away from you

I wanna wrap myself in the abaya

to hide from all the sneaking looks
because none of them is from your
sandy desert eyes
I become one with the floor I lie on to fall apart
Longing for this city where the sky is so close
Where it has been so close for you and me
In secret yet but only our skin already knew
Where the night was our ally
with no clouds to sing from us
But I'll write the symphony
of our short enchanting story
and I make an artwork from your eyes
and your touch will be my dance
And my tears will be the ocean
where my soul finds rest in hopes
that one day it may find back to your shore

How my heart is longing for this city where the
night lies on my skin
like a precious blanked tied with thyme, cinnamon,
saffron and mint

Auf dem Meer

Koordinaten variieren

The perfect day ends late, a little wet
and a little salty,
with a kiss from the ocean
and butterflies in ones tummy
because of a strangers eyes

Ozean II

Wellen
Die Wellen und die Haut
Zwei fremde Augen
Nur dem Ozean vertraut
Und das Salz zweier Körper
Schmecken in der Lust
Wie der Wind über dem Meer
Frei und unbewusst
Wie die Wellen
Die Wellen und die Haut
Und in der Tiefe zweier Augen
In den Ozean getaucht

$\mathcal{I}$'m way to heavy for this light melancholia that is surrounding me today.

Verängstigt davor in fremden Augen zu versinken

Schlage ich die Lider nieder

Nicht aufs neue dort ertrinken

nicht, nein, nicht schon wieder

Wo mein Herz erst leicht wie eine Feder

Ein anderes im Schatten seiner Selbst erkennt

verloren, wandernd, suchend seit jeher

Und sich leise, zaghaft, noch gehemmt

Zum anderen dazu gesellt

Beginnt die zweite Stimme zu der Melodie zu singen

Die Haut, der Raum, die Zeit zerfällt

Augen, die in der Harmonie erklingen

Und zwei Ozeane aus der Ewigkeit enthüllen

Das Salz des Anderen zu schmecken

Ein leeres Herz mit neuem füllen

Aus der Ohnmacht in Visionen strecken

Die seichte See zum Sturm aufwühlen

Das Blut und der Atem im Feuer vermischt

Probiert zu segeln, nicht zu fühlen

Bist schließlich blind, verloren in der Gischt

Nur ein Augenpaar noch übrig ist

Horchend nach der Melodie, denn das Land ist
        außer Sicht

Und du merkst, dass du wieder alleine bist

Und dein Herz dir sagt: Nächstes Mal versprich

Verlier mich bitte nicht

We will say
We did feel
Yes! We where here
On a planet that was called earth

We will say
We loved, we breathed, we lived
We felt the pain of a broken heart
On a planet that was called earth

Hell, yes!
We swam in the oceans
We danced in the sun
We made love under the stars

We will say
Yes, we where blind sometimes
We broke hearts too
and we took it all

And we will say
Some of us fought
Some of us tried
And so many just remained silent

We will say
Yes we where aware
But we didn't change
On this planet that was called earth

Hamburg.

53° 33' 3.906" N 9° 59' 37.255" E

$\mathcal{I}$ch habe Kunst gesehen in allem das mich zerstört hätte, in allem dass ein Hindernis war, in allem das mich eingesperrt hat und in allem was zu Ende ging. Ich bin abgetaucht in die Unergründlichkeit unseres menschlichen Geistes und habe mich leiten lassen dorthin wo ich dieses Band, diese Reise nun beenden möchte. Das Schreiben hat mich vieles gelehrt, dass nicht in Schulbüchern zu finden ist. Das Unterbewusstsein hat mir oft die Worte geschickt, die mich eine Situation begreifen ließen. Ich lasse alles nun frei und hoffe, dass sie andere Menschen inspirieren auf der Suche nach ihrem ganz persönlichen Märchen.

*T*here,
In the mountains
In the sea,
In the misty street at night
and beyond our universe
are our fairytales to write

Danksagung

Danke an alle Menschen und Tiere, die mich dazu
inspiriert haben Worte miteinander zu verbinden und
damit die ganz speziellen Bilder der Momente zu malen,
die hier nun verewigt wurden.

Danke an meine Mutter, die meine Lektorin seit der
ersten Stunde ist. (Noch bevor ich schreiben konnte und
ihr deshalb diktiert habe)

Danke an Toby, der die Trennung mit mir gemeinsam
durchgezogen hat und mich auf die Reise schickte.

Danke an alle meine lieben Freunde, die mich so selten
sehen, weil ich mit der Nase in Büchern stecke.

Danke an Alle die sich die Zeit nehmen, meine
Gedanken und Worte zu lesen.